Reinhold Pauli

Bischof Grosseteste und Adam von Marsh

Ein Beitrag zur älteren Geschichte der Universität Oxford

Reinhold Pauli

Bischof Grosseteste und Adam von Marsh
Ein Beitrag zur älteren Geschichte der Universität Oxford

ISBN/EAN: 9783743471535

Hergestellt in Europa, USA, Kanada, Australien, Japan

Cover: Foto ©ninafisch / pixelio.de

Weitere Bücher finden Sie auf **www.hansebooks.com**

VERZEICHNISS DER DOCTOREN,

WELCHE

DIE PHILOSOPHISCHE FACULTÄT

DER

KÖNIGLICH WÜRTTEMBERGISCHEN EBERHARD-KARLS-UNIVERSITÄT

IN TÜBINGEN

IM DEKANATSJAHRE 1863—1864

ERNANNT HAT.

NEBST EINER ABHANDLUNG

ÜBER

BISCHOF GROSSETESTE UND ADAM VON MARSH,

EIN BEITRAG ZUR ÄLTEREN GESCHICHTE DER UNIVERSITÄT OXFORD

VON

Dr. REINHOLD PAULI.

TÜBINGEN,
GEDRUCKT BEI HEINRICH LAUPP.
1864.

Zu Doctoren der Philosophie und Magistern der freien Künste hat die philosophische Facultät unter dem Decanat des Professors Dr. R. Pauli ernannt:

HENRY AUSTIN SHEPHERD aus Witney in Oxfordshire (classische Philologie). 28 Mai 1863.

KONRAD KOEHNHORN, Oberlehrer am Gymnasium zu Neisse (classische Philologie). 1 Juni 1863.

DAVID WORTHINGTON SIMON aus Hazelgrove in Cheshire (Geschichte). 6 Juni 1863.

OTTO ROMMEL aus Göppingen, Theol. Cand. (Geschichte). 16 Juni 1863.

MEINRAD OTT, Professor am Gymnasium zu Rottweil (classische Philologie). 16 Juni 1863.

BENEDICT ELLNER, Stadtgerichtsassessor in Bamberg (Astronomie). 26 Juni 1863.

HEINRICH BLOCH aus Diersburg in Baden, Phil. Cand. (Aesthetik). 24 Juni 1863.

KARL FRIEDRICH HÖRMANN aus Wildberg, Philol. Cand. (moderne Philologie). 1 August 1863.

JOHANN CHRISTIAN FRIEDRICH GLOËL, Gymnasiallehrer am Kloster zu Magdeburg (classische Philologie). 1 August 1863.

FRANZ XAVER FUNK aus Abts-Gmünd, Theol. Cand. (Culturgeschichte). 12 August 1863.

FRIEDRICH LUDWIG SCHELL aus Birk in Siebenbürgen, Theol. Cand. (moderne Philologie). 12 August 1863.

ADOLPH RAPP aus Schömberg, Philol. Cand. (classische Philologie). 12 August 1863.

JOHANN PHILIPP ANSTETT aus Strassburg (Geschichte). 21 August 1863.
LUDWIG HOPFF aus Zweibrücken (Mathematik). 23 September 1863.
FRIEDRICH WILHELM AUGUST NOZ aus Laichingen, Philol. Cand. (classische Philologie). 30 September 1863.
THEODOR WEIDLICH aus Brackenheim, Philol. Cand. (classische Philologie). 7 October 1863.
AUGUST SCHMIDT aus Nürtingen, Theol. Cand. (Mineralogie). 17 October 1863.
KARL RUTHARDT aus Comburg, Philol. Cand. (classische Philologie). 29 October 1863.
RUDOLF MENZEL, Oberlehrer am Vitzthumschen Gymnasium in Dresden (moderne Philologie). 4 November 1863.
EMIL BARTHELMESS aus Heilbronn, Theol. Cand. (classische Philologie). 19 November 1863.
ALBERT DEETZ aus Wesel, Lehramtscandidat (moderne Philologie). 17 December 1863.
ERNST VON SALLWÜRK aus Sigmaringen, Philol. Cand. (classische Philologie). 2 Januar 1864.
ALBERT BACHEM aus Köln, Lehramtscandidat (moderne Philologie). 7 Januar 1864.
EUGEN FREY, Präceptor am Gymnasium zu Rottweil (classische Philologie). 10 März 1864.
OTTO GILDEMEISTER, Senator in Bremen, honoris caussa (Uebersetzer fremder Dichtwerke und trefflicher Stilist). 10 März 1864.

Bischof Grosseteste und Adam von Marsh.

Ein Beitrag

zur älteren Geschichte der Universität Oxford.

Von der mythischen Entstehungsgeschichte der englischen Universitäten, deren Rivalität einst vorzüglich in den Tagen Elisabeths durch prunkende Gelehrsamkeit das Alter von Oxford und Cambridge um die Wette über die Sachsenzeit und die Einführung des Christenthums hinaus, unter die alten Briten, ja, der Sündfluth möglichst nahe zu verlegen trachtete, wovon noch bei späteren Historiographen der beiden berühmten Anstalten Allerlei nachklingt, ist natürlich seit dem Erscheinen des anregenden, gesunden Principien huldigenden Buchs von Huber [1]) unendlich wenig übrig geblieben. Ich fürchte, auch die Stiftung Aelfred's in Oxford steht historisch noch immer auf recht schwachen Füssen, wie ich denn dem verehrten Verfasser, der in diesem Stücke sich im Ganzen an Wood hält, nicht völlig beipflichten kann [2]). Ja, selbst das Studium, welches unleugbar im 12 Jahrhundert am Isis-Fluss vorhanden ist, hat thatsächlich nur in zerstreuten biographischen Notizen äusserst dürftige Aufklärung erhalten, so dass die heutige Wissenschaft geneigt ist eher sceptisch zu verfahren, z. B. selbst die Rechtsschule des zu König Stephan's Zeit lebenden Romanisten Vacarius, die wir, durch Savigny insonderheit darin bestärkt, gewohnt sind uns in Oxford zu denken, nach Canterbury an den Sitz des Erzbischofs Theobald zu verlegen [3]).

Ich gehe auf diese Dinge nicht ein, sondern möchte nur auf einige neue Thatsachen aufmerksam machen, welche die wirkliche erste Glanzepoche der Universität während des 13. Jahrhunderts betreffen, deren Bedeutung sich von jeher auch der

---

1) Die Englischen Universitäten. Eine Vorarbeit zur englischen Literaturgeschichte, von V. A. Huber. Cassel. 1839. 2 Bde.
2) Vgl. mein Buch: König Aelfred und seine Stelle in der Geschichte Englands. Berlin. 1851. S. 207. 208.
3) S. Excurs I.

blindeste Eifer nicht hat verschliessen können. Als im Jahre 1850 durch königliches Drecret parlamentarische Untersuchungscommissionen behufs Reform der beiden Universitäten eingesetzt wurden, hatte man gegründete Hoffnung, dass für jenes Zeitalter, in welchem bekanntlich auch die Ursprünge des bis auf diesen Tag herrschenden Collegiensystems liegen, reiche urkundliche Zeugnisse an den Tag kommen würden. Diese Erwartung ist nur in sehr geringem Maasse in Erfüllung gegangen, da die meisten der Oxforder Collegien die Einsicht in ihre Statute und Documente verweigerten [1]), die allerdings von beträchtlichem Alter vorhanden sind, wie ich mich denn einst mit eigenen Augen in dem merkwürdigen Archive eines der ältesten dieser Stifte, Merton College zu Oxford, davon überzeugt habe. Die Commission hatte ihre Aufnahmen aus bekannten Werken, persönlichen Mittheilungen und auf allerlei Umwegen zu schöpfen, so dass der geschichtlichen Kunde im Ganzen nur sehr wenig echter Zuwachs geworden ist. Derselbe entspringt dagegen seit den letzten Jahren aus einer umfassenderen Quellenforschung für die Geschichte Englands überhaupt. Unter den Werken, welche die historische Commission unter Leitung des Reichsarchivars, des Master of the Rolls, seit 1857 als Rerum Britannicarum medii aevi Scriptores in rascher Reihenfolge erscheinen lässt, befinden sich einige Inedita, die, zwar nicht völlig unbekannt und aus den Handschriften hie und da wohl benutzt und ausgezogen, aber im Entferntesten noch nicht für die Bedeutung Oxfords und die geistige Erhebung in dem bezeichneten Jahrhundert verwerthet worden sind. Unter den noch zu erwartenden Publicationen derselben Commission stellt eine sogar, wie es scheint, die dem Parlament vorenthaltenen Documente in Aussicht [2]); da indess bis zu dem Erscheinen noch Monate verstreichen mögen, muss ich mich begnügen, den Werth des bereits zugänglichen Materials hervorzuheben.

---

1) From the majority of the colleges, as Societies, we have received no assistance heisst es p. 1 in dem Report der Oxford University Commission, London 1852 fol. Die Beilagen sind voll höflicher Absagebriefe der Vorstände.

2) Original Documents illustrative of Academical and Clerical Life and Studies at Oxford between the Reigns of Henry III and Henry VII. Edited by the Rev. H. Anstey, M. A. (Im Druck.)

Man hat früher häufig den Aufschwung des Studiums in Oxford auf eine im Jahre 1229 geschehene Secession von Paris dorthin zurückführen wollen. Die Bedeutung dieser feststehenden Thatsache ist aber von Huber[1]) mit Recht auf ein sehr bescheidenes Maass herabgesetzt worden. Allein weder der schon im zwölften Jahrhunderte nachzuweisende rege Verkehr zwischen dem Pariser und dem Oxforder Institut, noch die im Geiste der Zeit liegende mannigfach analoge Entwickelung beider, noch endlich das frische Wehen eines nationalen Lebens, das sich, von verschiedenen Seiten angefacht, in England zu erheben beginnt, genügen um die prägnanten Erscheinungen und Persönlichkeiten, die gerade in Oxford an den Tag traten, zu erklären. Sagt doch Huber selbst noch fast missmüthig: „Es käme nämlich hier hauptsächlich darauf an, den Einfluss dieser und anderer bedeutender Männer nicht sowohl durch Schriften und auf die allgemeine geistige Entwicklung der Zeit, sondern durch lebendige persönliche Einwirkung auf ihre nächste Umgebung, auf die Gesinnungen und die Bildung der akademischen Zustände überhaupt nachzuweisen. Gerade in dieser Hinsicht aber lassen uns die vorhandenen Nachrichten fast ganz unbefriedigt"[2]). Ich meine der Mangel wird beträchtlich gehoben durch das, was wir neuerdings über das Erscheinen und die erste, höchst segensreiche Wirksamkeit der Bettelmönche, vorzüglich der Franciscaner in Oxford erfahren.

Man weiss, mit welchen Mitteln ihre grossen Stifter die Krebsschäden der Zeit zu heilen gedachten. Der reichen und stolzen Aristokratie in Leben und Wissen, welche die älteren Mönchsorden beherrschte, der selbstgenügsamen Weltgeistlichkeit, deren Seelsorge zumal in den volkreich werdenden Städten unendlich viel zu wünschen übrig liess, stellten sie die Gebote absoluter Armuth und Opferfreudigkeit, wahrhaft philanthropische und demokratische Tendenzen gegenüber. Es galt für die neuen Brüder die Leiber der Massen von Unflath und ansteckenden Seuchen zu erretten, ihre Seelen vor Ketzerei und Unglauben zu bewahren. Wie eminent praktischer Natur nun auch diese auf Hospitalpflege, auf Beichte und Predigt gerichtete Aufgabe war, sie konnte von Anfang an, obschon der Geist der Regeln widersprach, der Wissenschaft nicht entrathen. Die gewöhnlichsten Handgriffe der Heilkunde führten zur Beschäftigung mit den Geheimnissen der Natur, die religiöse Controverse mit

---
1) I. 197.
2) I. 122.

Zweifelnden und Haeretikern zur theologischen und philosophischen Dialektik. Man hat sich daher schwerlich zu wundern, dass die ersten Jünger der heiligen Dominicus und Franciscus, wie sie denn überhaupt in den Städten ihre Convente errichteten, auch an solchen Plätzen sich niederliessen, wo eine hohe Schule, ein Studium bestand, unbekümmert um die Opposition von Seiten einer anspruchsvollen älteren Wissenschaft.

Bereits an Himmelfahrt Mariä 1221, gleich nach ihrer Ankunft in England, waren denn auch Dominicaner in Oxford eingezogen [1]), hatten vor den Thoren Capelle und Schule eröffnet und begannen bald in das Universitätsleben, wie es bestand, einzugreifen. Drei Jahre später langte Frater Agnellus von Pisa nebst drei aus England gebürtigen Franciscanern und fünf Laienbrüdern an; nach einigem Aufenthalt in Canterbury und London zu Allerheiligen 1225 begaben sich jene drei nach Oxford, wo einer von ihnen gleichfalls in der Vorstadt Haus und Schule einrichtete, während die anderen zu ähnlichen Zwecken nach Lincoln und Cambridge weiter zogen. In wenigen Jahren zeigte es sich, welch grossartiger Wirkungskreis ihrem Orden in diesem Reiche vor den in Frankreich und am Rheine glücklicheren Predigermönchen beschieden war.

In Oxford fanden sie eine Universität vor, welche aus einer freiwilligen Vereinigung von Lehrern und Schülern entsprungen war, die, unleugbar doch nach dem Muster von Paris, sich bereits in vier Facultäten gliederte, abweichend, aber der Bevölkerung des Landes entsprechend nicht vier, sondern nur zwei Nationen, Borealen und Orientalen, woher noch heute zwei Proctors (Procuratores), bildete und, da das Institut sich nicht wie in Paris an eine bischöfliche Kirche lehnte, ursprünglich keinen von Oben eingesetzten Rector scholarum als Haupt der Gesammtheit besass. Nur undeutlich erscheint in den ersten Decennien des dreizehnten Jahrhunderts der Cancellarius als Leiter der Studien, man sieht nicht recht, ob er eine Abzweigung von dem gleichnamigen Beamten des Ordinarius der Diöcese, des Bischofs von Lincoln, oder ob er, was auch mir wahrscheinlicher, ein selbstgewählter Oberer war. Neben der geistlichen Gerichtsbarkeit des Bischofs und der weltlichen des Sheriffs wurzelt in ihm der Ansatz zu der bedeutenden corporativen Selbständigkeit, welche der späteren Geschichte der Universität eigen ist. Die Studenten in grosser Menge

---

1) F. Nicolai Triveti, de ordine Frat. Praedicatorum, Annales, ed. Engl. Hist. Soc. 1845. p. 209.

lebten meist frei bei den Bürgern, am liebsten in Gesellschaften und in besonderen Hallen, von denen nach Wood mit der Zeit um die 300 vorhanden gewesen sein sollen [1]). Schon hatte sich zwischen Stadt und Hochschule eine Art Gewohnheitsrecht herangebildet, unter welchem bei den häufigen, derben Conflicten an die weltlichen und geistlichen Autoritäten appellirt werden musste. Die neuen Ankömmlinge wurden selbstverständlich von den Regenten und Graduirten, welche Beförderung im Dienste der Kirche und der Staatsverwaltung ihrer Heimath verhofften, mit scheelen Augen angesehen. Die Gunst, welche König Heinrich III, devot erzogen und seit der Unterwerfung seines Vaters Johann unter Innocenz III ein Lehnsmann des römischen Stuhls, den Brüdern erwies, war noch keine Gewähr gegen den Argwohn und die offene Feindschaft, welche die Bischöfe und der Klerus, die Aebte und Prioren der Klöster gegen sie beseelte. Und auch sonst gab es wahrhaftig Ursache genug, weshalb die englische Nation in allen Schichten nicht bereitwillig auf die Neigungen gerade jenes Fürsten eingieng, weshalb die Geistlichkeit insbesondere über die in Rom den Bettelmönchen ertheilten Privilegien grollte. Franciscaner und Dominicaner hätten an dem Platze, von welchem für England überhaupt ihre Aussichten abhiengen, schwerlich durchdringen können, wäre ihnen nicht aus der Schar der Universitätsleute selber ein einflussreicher Anwalt aufgestanden.

Dies war Robert Grosseteste, um 1175 geboren, von niederer Herkunft aus Suffolk [2]), der seinem starken Kopfe den Beinamen (lat. Capito) verdanken soll. Er scheint auch in Paris studirt zu haben, wurde in Oxford Magister und Regens (wie man später sagte: Doctor) in der Theologie und wird deutlich als Kanzler der Universität bezeichnet, dem damaligen Bischof von Lincoln zum Verdruss, der gegen diesen Titel protestirt und nur einen Magister scholarum (auch scholarium) anerkennen will [3]). Auf seine wissenschaftliche Be-

---

1) Ein Artikel über den Oxford University Commission Report 1852 in der Edinburgh Review Vol. 96. p. 233 fasst diese Grundzüge kurz zusammen.
2) Nic. Triveti Annales p. 242. De ima gente Suthfolciae, Northwicensis dioecesis, originem traxit. Chron. de Lanercost ed. Stevenson, p. 43. 44 genere quidem infimus. Simplici progenie ortus.
3) Wood, Hist. et Antiq. Univers. Oxon. fol. 1674. 1, 141 aus einer urkundlichen Aufzeichnung vom Jahre 1294: beatus Robertus, quondam Lincolniensis episcopus, qui hoc officium gessit, dum in Universitate praedicta regebat, in principio creationis suae in episcopum

deutung gehe ich hier nur so weit ein, als sie, wenn auch manche der ihm beigelegten Schriften aus anderer Feder stammen mögen, noch immer als eine umfassende, encyklopädische erscheint. In theologischer Beziehung lag seine Kraft entschieden auf der praktischen Seite, während er in mehreren Arbeiten den Aristoteles commentirt, sich mit physikalischen Fragen befasst und als Philologe sich eine gewisse Kenntniss des Griechischen und Hebräischen erworben hat [1]). Obwohl er mehrere Erzdiakonate hinter einander verwaltete, hat er doch wohl andauernd als Kanzler in Oxford residirt, mit eigenen Studien und akademischen Angelegenheiten beschäftigt, bis er im Jahre 1235 auf den Bischofsstuhl von Lincoln erhoben wurde, an die Spitze der ausgedehntesten und volkreichsten Diöcese des Landes, die ihm zu seiner grossen Befriedigung auch fernerhin mit der Universität in Verbindung zu bleiben gestattete.

Es war nun unmittelbar nach dem Eintreffen der Franciscaner in Oxford, dass ihr erster Provincial Agnellus diesen mit den Universitätsangelegenheiten so vielfach verflochtenen Mann zum Docenten oder Rector ihrer Schule gewann [2]). In dieser Stellung erprobte er so sehr die Tüchtigkeit der Minoriten, dass er sie für die verschiedenartigsten Zwecke seines geistlichen Amts allen übrigen Mitarbeitern vorzog und auch späterhin als Bischof stets von einer kleinen Schar umgeben sein wollte [3]). Hatten sie also in der Mitte des englischen Klerus selber eine seltene, aber unvergleichliche Stütze gefunden, kein Wunder, wenn sie nun rasch in den Kreis des Universitätstreibens eindrangen. Schon im Jahre 1225, als sie noch unter dem Dache eines Bürgers ihre Halle eingerichtet, hören wir, dass eine Anzahl Graduirter und selbst Edelleute in

---

(1235) dixit proximum praedecessorem suum episcopum Lincolniensem non permisisse, quod idem Robertus vocaretur Cancellarius, sed Magister scholarium vel scholarum.

1) S. Excurs II.

2) Fecit Frater Angnellus scholam satis honestam aedificari in loco fratrum, et impetravit a sanctae memoriae magistro Roberto Grosseteste ut legeret ibi fratribus. Thomas de Eccleston, De primo adventu fratrum minorum in Angliam bei Brewer, Monumenta Franciscana p. 37 (Rerr. Brit. Med. Aevi SS. 1858).

3) Quia nostra dioecesis qualibet alia in regno Angliae constituta multa latior est et copiosa plebis multitudine repletior, et ideo nos plure et efficaciore indigemus auxilio, in verbi dei praedicatione, confessionum auditione, poenitentiarum injunctione, nec ad haec et hujusmodi novimus tam efficaces coadjutores ut fratres vestros etc. Roberti Grosset. Episcopi quondam Lincolniensis Epistolae ed. Luard. (Rerr. Brit. Med. Aevi SS: 1861.) p. 134.

ihren Orden eintraten ¹). Noch unter Grosseteste's Augen haben sich dann mit der Zeit viele Brüder herangebildet, die mit oder ohne Erwerbung der Universitätsgrade zu dociren begannen und glücklicher als andere Lehrer die Schüler in grosser Menge an sich zu fesseln verstanden ²). Es werden in der vorliegenden Aufzeichnung eine Reihe dieser Gelehrten vorgeführt, die sich in den freien Künsten, den Sentenzen und endlich in der Theologie hervorgethan. Darunter ist einer, der, da er als Student während der Lectionen und Disputationen gern andere Dinge getrieben, trotz seinen grossen Talenten als Lehrer die Schüler nicht anzuregen vermag. Täglich möchte er das Buch zumachen und ausrufen: „Nach Gottes Gerechtigkeit will mich keiner hören, weil ich niemals einen Doctor hören wollte." Ein anderer dagegen, Frater Eustache de Normanville, von edler und reicher Herkunft, hatte mit Ehren die höchsten Grade *in artibus et decretis* erworben, wurde Kanzler von Oxford und bereitete sich um 1250 zum Doctorat in der Theologie vor ³).

Allein derjenige Minorit, der die rührigste und für die ganze Universität bedeutendste Thätigkeit entwickelte, der das Band zwischen seinem Orden und Bischof Grosseteste zu einem unauflöslichen machte, war doch Bruder Adam von Marsh. Obwohl jetzt an die dreihundert seiner Briefe zugänglich sind und Eccleston, der englische Historiograph des Ordens, eine und die andere Notiz bewahrt hat, so findet sich doch Nichts über seinen Ursprung und wenig über seine äussere Lebensgeschichte. Sein Familienname de Marisco kommt in den verschiedensten Grafschaften vor. Er war bereits ein namhafter Mann an der Universität, es stritten sich verschiedene Orden um ihn, als er sich nach längerem Säumen, zwischen 1236 und 1239, unter die Franciscaner aufnehmen liess. Keine Frage, dass durch ihn hauptsächlich, nachdem er der vornehmste Docent dieser Genossenschaft geworden, die scholastischen Studien zu jener eigenthümlichen Entwickelung gediehen, durch welche eine Anzahl Minoriten,

---

1) Oxoniae porro recepit fratres Robertus le Mercer et locavit eis domum, in qua intraverunt ordinem multi probi baccalaurei et multi nobiles. Eccleston p. 17.
2) Et ita inundavit in provincia Anglicana donum sapientiae, ut ante absolutionem Fratris W. de Nottingham (1256) essent in Anglia triginta lectores, qui solempniter disputabant, et tres vel quatuor, qui sine disputatione legebant. Assignaverat enim in Universitatibus, pro singulis locis, studentes, qui decedentibus vel amotis lectoribus succederent . . . . Ipsi vero inceperunt ut magistri, alii legerunt ut baccalaurei. Ibid. p. 38.
3) Ibid. p. 39. 41.

mit geringer Ausnahme Engländer von Geburt, sich berühmte Namen in der allgemeinen Geschichte der Wissenschaften erworben haben.

Bisher hatten Trivium und Quadrivium und die Jurisprudenz, in hohem Grade ein Bedürfniss des Staats der Plantagenets, ihre unbestrittene Herrschaft behauptet. Jetzt trat speculative Theologie ebenbürtig zur Seite, nicht etwa ausschliesslich, wie so oft geglaubt wird, in Vorlesungen und Disputationen von trockenster, spitzfindigster Logik, sondern eben so gut in Predigten, die eine hinreissende Beredsamkeit erzeugten und durch Frische und Wärme recht eigentlich volksthümlich zu wirken begannen. Es ist bei diesen Erfolgen, dass Adam von seinem Freunde dem Bischofe energisch unterstützt wird; bald legt dieser ein Wort ein bei Papst und Cardinälen für diejenigen, welche als „ein Licht erschienen sind allen, die in Schatten des Todes sitzen", bald weist er ihre Gegner wie z. B. den Bischof von Lichfield streng zurecht [1]). Allein nicht minder ernst erklingt dieselbe Stimme an die Franciscaner um sie bei ihrem wissenschaftlichen und praktischen Eifer zu bewahren, damit nicht dermaleinst dasselbe Loos sie ereile wie andere Genossen des geistlichen Standes, „welche zu ihrer Schande im Dunkel der Unwissenheit einherwandeln" [2]). Unter solchen Lehrmeistern wurde in Oxford jene wissenschaftliche Methode aufgerichtet, welche die praktischen Ziele der Moral und der Theologie in die engste und lang dauernde Verbindung mit der Vernunftlehre des Aristoteles gesetzt hat.

Es ist dies nicht der Ort die guten und bösen Früchte zu betrachten, die sie schliesslich erzielt hat; wir folgen vielmehr den hervorragenden Persönlichkeiten während der ersten Blüthe der von ihnen getragenen Bewegung. Unverkennbar in Uebereinstimmung mit seinem Freunde Adam hat der Bischof einmal eine Art Richtschnur für das geistliche Studium entworfen. In einem Schreiben an die Magister der Theologie in Oxford bezeichnet er als Ecksteine ihrer Aufgabe die Vorlesungen über das Alte und Neue Testament und empfiehlt dafür die Morgenstunden als die für Lehrer und Schüler besonders geeigneten, auch aus dem Grunde, damit man nicht hinter den Leistungen der

---

1) Epp. Rob. Grosseteste p. 180. 120.
2) Brewer, Monumenta Franciscana p. L. Der Bischof schreibt einmal in ähnlichem Sinne an Papst Gregor IX über die Gefahren, von denen die Franciscaner in England umlauert sind: Quae si acciderent, quod absit, manifestum est quod in ecclesia Dei recurrerent abominationum sordes, quae per dictorum fratrum praedicationem et eminentem mundissimamque conversationem jam fuerant expurgatae. Rob. Grosset. Epp. p. 179.

Vorfahren und der Pariser Theologen zurückbleibe. Alles Uebrige, zumal was erst die Patristik auf die biblische Theologie aufgebaut, könne passend zu anderen Tageszeiten gelehrt werden [1]).

Unter Adam's Briefen sind allein 62 an den Bischof von Lincoln gerichtet, in denen er überhaupt Alles berührt, was ihm am Herzen liegt, und wiederholt auch auf die Menschen und Zustände in Oxford zu reden kommt. Immer wieder hat er einen Kleriker oder Scholaren der Huld des Bischofs und durch diesen anderen Prälaten oder selbst dem königlichen Hofe zu empfehlen. Durch ihn gehen die Eingaben der Magister und Scholaren, die Beschlüsse der Congregation der Studirenden zur Mittheilung an den Ordinarius. Als letztere, leicht erregt und streitsüchtig, über den Vicekanzler Ralph von Sempringham [²]) Beschwerde führen, der ausserdem durch einen Missbrauch des Siegels (signum) den Unwillen Grosseteste's erregt hatte, überlässt Adam vertrauensvoll diesem die Entscheidung, legt aber doch für den Würdenträger ein gutes Wort ein, den er seinerseits zu versöhnlicher Haltung ermahnt. Im Jahre 1251 berichtet er dem Bischof von Tumulten, die bei Anwesenheit des Hofs in Oxford Statt gehabt. Die Universität dringt auf Freigebung zwei verhafteter Studenten und wünscht völlig unter die Jurisdiction des Kanzlers gestellt zu werden. Letzteres hat der König nicht bewilligen können, aber jene beiden sind auf sein Geheiss schon aus dem Grunde in Freiheit gesetzt worden, weil über den Streit lange Zeit die Hörsäle leer standen [³]).

Wie turbulent überhaupt in jenen Tagen die Zustände an der Hochschule waren, wo bald die Studirenden mit den Bürgern (*town and gown*), bald die Nationalitäten mit einander rauften, geht auch aus unseren Quellen hervor. Bekannt ist der grosse Lärm des Jahres 1238, als Akademiker von dem Gefolge des in der benachbarten Abtei Osney verweilenden Legaten Otho beschimpft und thätlich misshandelt wurden und darauf den Cardinal selber

---

1) Tempus autem maxime proprium ponendi et disponendi praedictos lapides in fundamento hora est matutina qua ordinarie legitis etc. . . . . . non alia quaedam velut horum media, aut ab hagiographis patribus superaedificata doctrinae, quorum est tempus aliud convenientius accommodandum. Rob. Grosset. Epp. p. 847.

2) Cui officium regendae congregationis „scholarium Oxoniensium dudum commisistis, Adami de Marisco Epp. bei Brewer, Monum. Franscisc. p. 100. 248. Sempringham erscheint 1252 in der Kanzlerliste.

3) Cum jam cessassent magistri a lectionibus per multos dies, adhuc lectiones non resumpserunt Ad. de Mar. Epp. p. 116.

schliesslich zwangen seine Zuflucht auf dem Kirchthurme zu nehmen. Von Seiten des Königs erfolgten strenge Massregeln gegen diejenigen, die sich an dem Kirchenfürsten vergriffen; von Rom aus wurde die Universität mit dem Bann bedroht. Eine wahre Studentenverfolgung durch Stadt und Land erhob sich, und schon schickten sich die Scholaren an sämmtlich Oxford zu verlassen, als Grosseteste sich ins Mittel legte, die Befreiung aller Verhafteten forderte und in Gegenwart des Königs und Legaten diejenigen excommunicirte, welche zuerst Hand an seine Kleriker gelegt hatten [1]). Ein ander Mal erhebt er seine mächtige Stimme für die Studenten, die sich, gereizt durch schamlose Erpressungen von Seiten der Oxforder Juden an diesen vergriffen hatten, und setzt es durch, dass in solchen Sachen hinfort nicht durch den Sheriff, sondern vor dem Gericht des Kanzlers entschieden werden soll. Wie sehr er auf Selbständigkeit der gelehrten Corporation hinarbeitet, und daher mit Recht als erster Begründer der bedeutendsten akademischen Freiheiten betrachtet werden darf, erhellt endlich aus einem Fall im Jahre 1248. Kaum haben ihm Kanzler und Universität angezeigt, dass ein edelgeborener unbescholtener Scholar, als er Abends durch die Martinikirche gieng, von Bürgern schnöde angegriffen und vor der Thür der nahe gelegenen Allerheiligen Kirche jämmerlich zu Tode geschlagen, ohne dass die Stadtvögte dazwischen getreten, dass die Vorlesungen unterbrochen worden und Alles an gemeinsamen Auszug denke, so verfügt er auf der Stelle, dass durch seinen Officiar Robert von Marsh über alle an der Unthat Betheiligten der Bann verhängt werde [2]). Er stützt sich dabei auf einen königlichen Erlass vom Jahre 1244, welcher in der That in Schuldklagen die akademische Genossenschaft von dem weltlichen und geistlichen Richter eximirt und vor ein eigenes Universitätsgericht verweist [3]). Mit Recht wird dieses Document als das erste Freiheitsstatut Oxfords betrachtet, an welches als Grundlage eigener Jurisdiction die päpstlichen Bestätigungen seit Bonifaz VIII. erst anknüpfen.

1) Matthaei Paris Historia Major ed. Londini. 1684. p. 396. 397. cf. Wood, Hist. et Antiq. Univers. Oxon. I, 90 und meine Geschichte von England III, 642.
2) Rob. Grosset. Epp. p. 437. Robert von Marsh ohne Zweifel Vetter oder Bruder Adam's, der in einem Briefe den Bischof zur Promotion jenes nach Oxford einladet. Ad. de Mar. Epp. p. 182.
3) Sed hujusmodi coram cancellario Universitatis Oxoniensis non obstante prohibitione nostra decidantur. Rotuli literar. clausar. 28. Henr. III. membr. 6. cf. Wood, Hist. et Antiq. Univ. Oxon. I, 93.

Eine Stelle wenigstens wirft Licht auf das Dasein einer Universitätskasse, die der Ueberlieferung zufolge auf Grosseteste's Geheiss in der Abtei St. Frideswith's (der heutigen Kathedrale und Stiftskirche von Christ Church) untergebracht gewesen sein soll. Adam verwendet sich einmal bei dem Magister Richard von S. Agatha, der etwas später um 1256 als Kanzler genannt wird, für einen verdienstvollen Graduirten, als dieser aus der im Schatz hinterlegten Stiftung eines Wohlthäters der Universität eine Anleihe von 40 Pfund zu erheben wünschte [1]).

Am Interessantesten für uns bleiben die freilich spärlichen Angaben, die auf consequente Förderung der Studien hindeuten. Der Bischof hat sich ein Exemplar der Ethik des Aristoteles abschreiben lassen; ein Minorit im Convent zu London wünscht davon wieder Abschrift zu nehmen; der Freund in Oxford und der Leibarzt der Königin (Petrus rector ecclesiae de Wymbledon, medicus dominae reginae [2]), vir excellentis litteraturae et magnae probitatis) bürgen für Hin- und Rücksendung so wie für die Sicherheit des werthvollen Besitzes [3]). Noch immer erregen die Schriften und Weissagungen des Abts Joachim von Floris die gläubige Christenheit und werden besonders von den Bettelbrüdern colportirt. Adam, der geneigt ist die geheimnissvollen Worte dieses Propheten auf die bevorstehende Strafe des Himmels an den schlechten Haushaltern in Kirche und Staat zu deuten, überschickt eine Sammlung derselben, die er erworben, an den Freund, damit sie im Kreise der Seinigen lese und dann abschreiben lasse. Auch Copien der zwischen dem Könige von Frankreich und dem Cardinal-Bischof von Tusculum gewechselten Briefe über den Untergang des Christenheers in Egypten und den Zustand des gelobten Landes werden mitgetheilt [4]). An anderen Stellen der Correspondenz begegnen biblische Commentare oder die Abhandlung des Richard von St. Victor über die Dreieinigkeit, die Moralia Gregors des Grossen, des Rhabanus Maurus de natura rerum.

---

1) Hoc est autem quod expediri satagitur; videlicet ut mutuum XL librarum per discretionis vestrae diligentiam concedatur memorato magistro Symoni, de pecunia universitatis Oxoniae deposita, ex munere caritativo magistri Willielmi de Dunelmia. Ad. de Mar. Epp. p. 257.
2) Petrus de Alpibus, ein Ausländer, auch sonst bekannt aus der Patentrolle 25 Henr. III. membr. 10.
3) Ad. de Mar. Epp. p. 114.
4) Ad. de Mar. Epp. p. 109. 146.

Die beiden letzteren Werke, die er in Reading zurückgelassen, wünscht er wieder zu haben; man soll sie sorgfältig in Wachstuch packen und die Holzdeckel abnehmen [1]). Merkwürdig erscheint das wiederholt an den Provinzial der Franciscaner in England gerichtete Gesuch diesem oder jenem fleissigen Ordensbruder in Oxford hinreichend Pergament und andere Schreibmaterialien zuzuwenden. Einmal schreibt Adam, wie es scheint im eigenen Interesse, deshalb nach Cambridge [2]). Zweierlei liegt unverkennbar diesem Bedürfniss zu Grunde, das noch streng gehaltene Gebot absoluter Armuth und die Absicht des Stifters, seine Jünger bei ihrem praktischen Beruf zu bewahren, der aber, wie dieser äusserliche Umstand zeigt und wie ihre Wirksamkeit in Oxford es mit sich brachte, gerade an dieser Stelle nothwendig von gelehrter Thätigkeit gekreuzt werden musste. Noch späterhin begegnet man derselben Klage bei Roger Baco, der von keinem guten Abschreiber in seinem Orden weiss. Brewer, der gelehrte und geistreiche Herausgeber der franciscanischen Schriftstücke aus England, knüpft daran folgende unwiderlegliche Erörterungen. Alle von Minoriten gefertigten Handschriften stehen während des 13 Jahrhunderts in einem auffallenden Gegensatz gegen die glänzenderen Bände der alten und gelehrten Mönchsorden. Eng und mit zahllosen, fast kanzleiartigen Abkürzungen geschrieben, deuten sie noch auf strengste, sparsamste Verwendung des Materials und beinahe missgünstige Beaufsichtigung durch die Oberen. Nicht minder charakteristisch ist der Stil, wie er Adam und seinen Schülern aus dem Orden eigen erscheint. Nüchtern, trocken und doch zugleich mystisch dunkel bietet er ein Abbild der ganzen Denk- und Lehrweise der Fraternität. Auch in die thatsächlichsten Mittheilungen werden Bibelworte eingeflochten; die Satzverbindungen sind oft so verschränkt, dass erst aus mehrmaligem Lesen der Zusammenhang hervorgeht. Classische Citate, bis dahin allen Klostergeistlichen geläufig, fehlen so gut wie gänzlich, ohne dass man darum andererseits auf Unbekanntschaft der Minoriten mit den Stilmustern aus dem Alterthum zu schliessen hätte, denn Roger Baco selber rühmt gerade dem Adam von Marsh Vertrautheit mit der antiken Literatur nach. Es ist nächst dem Armuthsgesetz das emsige

---
1) Ibid. p. 876.
2) De membrana vitulina necessitati nostrae, per vestrae sollicitudinis industriam, quod fieri valuerit sine fratrum gravamine provideri. Ibid. p. 891.

Bemühen der Bettelorden die Theologie als die höchste und herrschende Wissenschaft an die Spitze der Universitätsstudien zu bringen, was diesen eigenthümlichen Einfluss auch auf ihre schriftliche Darstellung übt [1]). Leider besitzen wir über die von den Franciscanern in Oxford angelegten Büchersammlungen nur höchst dürftige Nachrichten. Sie sollen zwei besessen haben, die eine des Convents, nur für die Graduirten bestimmt, die andere eine *libraria scholarium*. Auf erstere vermuthlich bezieht sich die Nachricht bei Trivet, dass Grosseteste seine ganze Bibliothek testamentarisch den Brüdern vermacht habe [2]). Es mögen vorwiegend Bücher theologischen und juristischen Inhalts gewesen sein, zu denen bald die zahlreichen Schriften Roger Baco's allein ein beträchtliches Contingent aus vielen anderen Wissenschaften hinzugefügt haben werden. Nach einer bei Wood angezogenen Stelle Richards, des Erzbischofs von Armagh, des erbitterten Feindes der Bettelmönche um die Mitte des 14 Jahrhunderts, müssten diese späterhin aus aller möglichen Literatur, vornehmlich auch Medicin und Civilrecht, angekauft haben. Man schliesst ferner auf mathematische und astronomische, auf griechische und selbst hebräische Werke, indem letztere zumal bei Vertreibung der Juden aus England durch Eduard I. zu haben gewesen wären. Hilfsmittel der Art müssen jedenfalls dem gelehrtesten Oxforder Minoriten zu Gebote gestanden haben. Als Leland bei Aufhebung der Klöster durch Heinrich VIII. ihre Bücherschätze durchforschte und 1535 auch nach Oxford kam, weigerten sich die Franciscaner zuerst ihn in ihre Bibliothek zu lassen. Als es ihm endlich gelang, fand er nur Staub und Schund, der „nicht drei Pfennige werth war," und es ergab sich, dass Grosseteste's Bücher und, was sonst Nennenswerthes dagewesen, längst verkauft oder gestohlen worden [3]). Man muss sich erinnern, was mittlerweile aus dem Orden geworden, wie seine schöpferische Periode an den Universitäten schon im 14 Jahrhunderte ein Ende genommen, als zuerst die klerikale Aristokratie durch Errichtung der Collegien die Oberhand gewann

---

1) Brewer, Monumenta Franciscana p. LXVII und LXXXVII.
2) Nic. Triveti Annales p. 243 libros suos omnes conventui Fratrum Minorum Oxoniae in testamento legavit. Im fünfzehnten Jahrhundert waren sie noch dort. Gascoigne, Diction. Theolog. s. v. Fides: et est ille liber in libraria conventus, sed non in libraria studentium. Duae enim sunt ibidem librariae inter Fratres minores Oxoniae. Citirt bei Luard, Rob. Grosset. Epp. p. LXXXIV. n. 1.
3) Leland, Commentarii de Script. Brit. ed. Hall p. 286. cf. Wood, I, 77. 79.

und bald hernach die noch tiefer gehenden Reformbestrebungen Wiclif's eintraten, wie durch Verdummung und Habgier längst alle lebensfrischen Triebe der ursprünglichen Stiftung erstickt waren.

Die Dinge standen anders, hoffnungsreicher, so lange die englischen Franciscaner den Regeln ihres Ordens nachlebten, so lange sie namentlich noch an der Universität sich eine berechtigte Stellung zu erkämpfen hatten. Sie hatten es dabei vorzüglich auf die theologischen Lehrstühle abgesehen. Wie schwer es ihnen geworden, dies Ziel zu erreichen, geht ebenfalls aus unseren Documenten hervor. Als der Nachfolger Normanville's auf dem von dem Orden errichteten Lehrstuhle, der Bruder Thomas von York, als Regens der Theologie an der Universität zu promoviren wünschte, gab es einen wochenlangen Streit in der Convocation, d. h. in der Versammlung sämmtlicher Magister unter Vorsitz des Kanzlers. Man warf dem Candidaten vor, dass er den üblichen artistischen Cursus nicht durchgemacht [1]), dass seine Genossenschaft überhaupt auf gefährliche Neuerungen sinne. Etwas später berichtet Adam an den Provincialminister über die Angelegenheit, dass zunächst Kanzler, Magister und einige zur Theilnahme berechtigte Baccalaureen die Wahl eines Ausschusses von sieben Mitgliedern vollzogen hätten, welche über die Zulassung des Magister Thomas Beschluss fassen und den Entwurf eines Statuts in Betreff der Lehrberechtigung in der Theologie vorlegen sollten. Man kam überein, das Privileg für dieses Mal dem Thomas zu ertheilen, für die Zukunft indess feste Normen über den unerlässlichen Gang der vorausgehenden Lectionen zu verzeichnen und das neue Statut durch allerlei Klauseln sicher zu stellen [2]). Als Mitglied der Convocation, Lehrer der Theologie und Wortführer seines Ordens hat Adam standhaft diesem Beschlusse die Unterschrift verweigert,

---

1) Ad. de Mar. Epp. p. 338 schreibt: Extitit autem obtinendi difficultas, objicientibus eidem aliquibus, quod nequaquam in litteralibus rexerit cathedraliter. Es ist zu bedauern, dass keiner der Briefe dadirt, und nur in seltenen Fällen aus inneren Gründen das Jahr zu bestimmen ist.

2) Quod in posterum nullus incipiat in theologia nisi prius inceperit in liberalibus, et unum librum canonis aut Sententias legerit, et publice in universitate praedicaverit. Et si quis pro aliquo, qui hunc defectum patitur, preces magnatum auctoritate armatas impetraverit, penitus universitatis privetur privilegio, et quod huic statuto subscriberent et cancellarius et omnes magistri regentes in Sacra Scriptura, et frater Hugo de Mistretune, et caeteri magistri regentes in decretis et legibus, et duo rectores pro artistis, et frater Ada dictus de Marisco. Ibid. p. 346.

auch wenn Kanzler und Universität das Dispensationsrecht behaupten sollten. Die Behörden haben denn doch Bedenken getragen, gegen diesen Widerspruch einseitig vorzugehen. Bei solchen und ähnlichen Anlässen hauptsächlich scheint es gelungen zu sein den Minoriten ein in der That unvergleichliches Vorrecht zu erobern, das wesentlich zu ihrer Herrschaft an der Universität beigetragen hat.

Wie lange und in welchen speciellen Fächern Magister Adam seinen Lectionen obgelegen, lässt sich nicht mit Bestimmtheit sagen. Geschäfte für den Orden oder den Bischof, Reisen an den Hof und selbst ausser Landes, auch Unwohlsein nöthigen ihn zu häufigen Unterbrechungen. Aber Oxford bleibt nichtsdestoweniger der Mittelpunkt seiner Wirksamkeit, da ist sein Platz bis zuletzt, wie aus zahlreichen Aeusserungen seiner Briefe hervorgeht. Den offenen Beutel Grosseteste's nimmt er wiederholt für seine armen Scholaren in Anspruch [1]). An ihn wendet man sich um passende Lehrer für eine Kathedralschule oder einen vornehmen jungen Mann zu erhalten. Es sind natürlich besonders Minoriten, die er bei solchen Anlässen in Vorschlag bringt, denn die grossen Erfolge, der ungemeine Ruf derselben warfen nachgerade Missgunst und Abneigung nieder. Auf seine Verwendung werden auch junge dem Orden angehörende Ausländer zum Studium in England zugelassen [2]). So darf man sich nicht wundern, dass ein Mann, ohne dessen Gutheissen und Ermahnung kein Pfarrer von St. Marien zugelassen wird, der Stadtkirche, die doch damals schon in engster Verbindung mit der Universität stand, dass Bruder Adam auch ohne ein hohes Amt zu bekleiden auf eine Reihe von Jahren als die Seele der Studien erscheint, die eine neue, in der That lebendig zündende Richtung eingeschlagen haben.

Um die Mitte des Jahrhunderts steigerte sich der Besuch Oxfords zu unerhörter Frequenz, als unverkennbar doch in Folge des Zudrangs zu den Bettelorden nach glaubwürdiger alter Angabe die Masse der Studirenden bis auf 30000 anschwoll [3]). Man wird daher dem Adam von Marsh und indirect dem Bischof von Lincoln das hohe Verdienst zuschreiben dürfen, den Ruf ihrer Universität zu einem europäischen erhoben zu haben. Dort gebildete Minoriten

---

1) Ad. de Mar. Epp. p. 135. 137.
2) Ibid. p. 878. 880.
3) Huber, die Englischen Universitäten I, 117.

erscheinen unter den ersten Professoren in Lyon, Köln und selbst in Paris, das vielleicht nur durch den dominicanischen Gegensatz im Stande war sich wie bisher an der ersten Stelle zu behaupten. Unablässig wird dahin gewirkt das eigene Licht auch der Fremde zuzuwenden. Man kennt die Namen und Werke der grossen Scholastiker, die aus dem Seminar des Convents der Minoriten zu Oxford hervorgegangen sind. Die berühmtesten unter ihnen freilich deuten auch sofort an, dass die mächtige Bewegung bereits ihr Ziel überschossen hat, und dass in England wenigstens auf die frühzeitige Blüthe der Franciscaner bald der Anfang zu einem langen traurigen Niedergang folgen sollte. Roger Baco, der doch höchst wahrscheinlich noch zu den Füssen Adam's gesessen, und der, was selten der Fall ist, wenn er die Leistungen anderer beurtheilt, von diesem berühmten Manne wenigstens mit Respect spricht [1]), hatte sich tief in philosophische und naturwissenschaftliche Speculation versenkt. Wie er dadurch in entschiedenen Zwiespalt geräth mit den Regeln des heiligen Franciscus, wie er und seine Schriften von den Pönitenzedicten der Curie getroffen wurden, so scheint auch die Universität, an der er die besten Jahre seines Lebens verbrachte, an ihrem gelehrtesten, allen Schein mit Verachtung strafenden Genossen den finstersten Groll ausgelassen zu haben, so dass das Andenken des geheimnissvollen, auf seinem Thorthurme von Allen gemiedenen Mannes sich in die Gestalt eines Zauberers, eines britischen Doctor Faust umsetzte. Der etwas jüngere Duns Scotus wurde der Meister der subtilsten und ödesten Gedankenspielerei, zu welcher sich die dialektische Gottesgelehrtheit der Franciscaner, weil sie nach längerem Schwanken doch schliesslich von allen Realien abstrahirte, folgerichtig fortentwickelt hat. William Occam endlich stürmte hinaus und sprang über aus der Askese und Speculation in das Gebiet der buntesten Wirklichkeit, in die praktische Politik. Die Geschichte kennt ihn und zahlreiche Ordensbrüder aus den Niederlanden, aus Deutschland und Italien als

---

1) Pauci sapientissimi fuerunt in perfectione philosophiae, ut primi compositores ut Salomon, et deinde Aristoteles pro tempore suo, et postea Avicenna, et in diebus nostris dominus Robertus episcopus nuper Lincolniensis, et frater Adam de Marisco, quia hi fuerunt perfecti in omni sapientia, et nunquam fuerunt plures perfecti in philosophia. Rogeri Baconis Opus Tertium ed. Brewer (Rerr. Brit. Med. Aevi SS. 1859) p. 70. Omnes sancti et philosophi Latini et poetae sciverunt de linguis alienis, et omnes sapientes antiqui quorum multos vidimus durare usque ad nostrum tempus ut Dominos episcopos Lincolniensem et Sancti Davidis (der den Franciscanern innig zugethane Thomas Wallensis) et Fratrem Adam. p. 88.

die publicistischen Vorkämpfer der weltlichen Staatsgewalt, des deutschen Kaisers wider den Papst. Merkwürdig, wie der Keim zu selbstständiger politischer Ueberzeugung ebenfalls schon in der Schule Grosseteste's und Marsh's gelegt worden ist. Unsere Documente verbreiten neues Licht auch über die öffentlichen Sympathien der Universität Oxford, welche während einer denkwürdigen Epoche des dreizehnten Jahrhunderts kaum minder bedeutend erscheinen, als etwa im siebzehnten oder neunzehnten.

Die Intimität der beiden Freunde erstreckt sich, wie ihre Briefe darthun, auf das weiteste Gebiet des kirchlichen und staatlichen Lebens, auf die gesammte lateinische Christenheit. Wir finden den schlichten Minoriten im Auftrage des Erzbischofs von Canterbury oder in Angelegenheiten seines Ordens und einmal in Begleitung des heiligen Antonius von Padua am römischen Hofe. Dann hat er wieder vor Heinrich III. zu predigen oder dem Parlament beizuwohnen. Der König beauftragt ihn Streitigkeiten unter englischen Prälaten zu schlichten; der Papst lässt durch ihn die dem verstorbenen Bischof Richard von Chichester zugeschriebenen Wunder untersuchen. Als Grosseteste im Jahre 1235 Bischof von Lincoln geworden, begann er mit kräftiger, rücksichtsloser Hand Leben und Sitten des Klerus wie der Laien zu reformiren. Die von den Franciscanern gepredigte strenge Moral hat ihm dabei zur Richtschnur gedient; bei jedem Anlass tauscht er seine Gedanken mit Adam aus. Der Zorn unter Welt- und Klostergeistlichkeit der Diöcese von Lincoln wurde namentlich durch Aufstellung neuer Constitutionen erweckt, in welchen der Bischof das volle Visitationsrecht über alle Kirchen und Klöster seines Sprengels reclamirte. Sechs Jahre hatten die Parteien fruchtlos processirt, bis der Streit zur Entscheidung vor den päpstlichen Stuhl gebracht wurde. Wiederholt finden wir Bischof Robert in Person vor Innocenz IV. Um seinen Zweck bei Gelegenheit des Concils von Lyon im Jahre 1245 zu erreichen, lässt er sich von Adam begleiten und wacht bei der Rückreise über Paris darauf, dass dieser, der dort einen kranken Bruder zu pflegen hat, nicht von den Doctoren der Universität aufgefangen und zurückbehalten werde [1]).

---

1) Er schreibt an den Provincial in England: Praeterea sciatis quod non est securum quod frater A. prolixius moram trahat in illis partibus; cum plures multum desiderant ipsum Parisiis detinere, maxime mortuis fratribus A. de Hales et J. de Rupellis; et sic tam vos

Die Genossenschaft der beiden auf der Reise wie im Leben überhaupt ist aber noch auf andere Gefahren gerichtet, denen sie sich beständig entgegen werfen. In dem Weltkampfe zwischen der Kirche und Kaiser Friedrich II. hat keiner von ihnen angestanden für erstere Partei zu nehmen. Aber beide von ihrem strengen, man möchte sagen methodistischen Standpunct aus beklagen die Noth und das sittliche Verderben, welche Verweltlichung und Habgier an der Curie wie an den Königsthronen über Länder und Völker bringen. Mit welchem Feuereifer erhebt sich Grossteste wider Papst und König, wenn die Aemter und Pfründen der heimathlichen Kirche immer wieder an Unwürdige, an Schlemmer oder Knaben, an Heinrich's III. provençalische Verwandte, an Schwärme hungriger Italiener vergeben werden. Der herbe, freimüthige Brief, den er an Innocenz IV. richtete, als dieser einem Nepoten eine Provision an der Kirche von Lincoln decretiren wollte, hat gerechtes Aufsehn im In- und Ausland gemacht, wie aus den zahlreichen Abschriften hervorgeht [1]). Einem Könige wie Heinrich III. gegenüber, der schwach und thatenlos, ohne Treu und Glauben nur als Blutsauger an seinem Reiche handelte und, während er die schon unter seinem Vater begonnene Verfassungsbewegung nicht zu hemmen vermochte, stets die Fremde zu Hilfe rief, tritt er unbedenklich für die umstrittene Magna Charta auf. Noch im Jahre 1252 gegen das Ende seines Lebens hat er an die Lords und Gemeinen von England einen Mahnbrief erlassen, worin er sie auffordert, den unverschämten Anforderungen des römischen Hofs, der beanspruchten Oberlehnsherrlichkeit, durch welche der Unfriede im Reiche wesentlich geschürt wurde, mit allen legalen Mitteln zu begegnen [2]). Längst stehen er und Adam von Marsh mit Herzen, die für die Leiden ihrer Mitmenschen fühlen, und mit Anschauungen, in denen sich die democratischen Grundzüge des Franciscanerordens schwer verkennen lassen, demjenigen nahe, der in England schliesslich den Sturm des nationalen Unmuths zusammenfasst und an die Spitze der Revolution tritt. Simon von Monfort, Graf von Leicester, der Sohn des grossen Verfolgers der Ketzer am Fuss der Pyrenäen, der Schwager und gefürchtete politische Gegner des elenden Heinrich's III., ist ihr

---

quam nos maximo nostro solatio essemus destituti, quod absit. Brewer, Monum. Francisc. p. 628.
1) Bei Luard p. LXXIX und 432.
2) Rob. Grosset. Epp. p. 442.

vertrauter Correspondent. In allen seinen Angelegenheiten wendet er sich an sie; in den schwierigen persönlichen Lagen seines Lebens wie in der dumpfen Gährung, welche das Reich erfüllt, hätte er keine besseren Rathgeber finden können. Man hat versucht die Anregung zu seinen parlamentarischen Plänen auf die Berührung seines Hauses mit dem Staatswesen von Aragon zurückzuführen [1]); viel sicherer scheint wohl die Annahme, dass seine Neigung für die Bettelorden und ihre Tendenzen sich vom Vater herschreibt.

Viele Stellen in den Briefen sprechen dafür, dass ihre Verfasser über die Lage ihres Vaterlands nicht anders dachten als die ungeheuere Majorität der Edelleute und der Bürger. Auch sie entsetzten sich vor den Verschleuderungen und Erpressungen des Hofes, vor der unnationalen, treulosen Haltung des Königs. Sie stimmten völlig zu der patriotischen Ueberzeugung des an oberster Stelle längst angeschwärzten und bereits mehrfach verfolgten Grafen. Adam hält ihn für einen entschieden frommen Mann; er werde über alle Listen und Anschläge seiner Feinde obsiegen, wenn er wie bisher sich und den Menschen treu mit seinem ganzen Gefolge seine Hoffnung auf die Hilfe des Himmels setze [2]). Er mahnt aber nicht minder Mass zu halten und den Eifer seiner Parteigänger zu zügeln, denn er kennt die Eigenart des stürmischen südlichen Bluts und weiss, wie leicht populäre Bewegungen Gefahr laufen über die Schnur zu schlagen. Noch näher fast steht ihm der Bischof. Auf dessen geistlichen Rath werden Leicester und seine Gemahlin verwiesen, der nimmt als Erzieher ihre Söhne zu sich in seinen Palast [3]). Adam berichtet dann dem Vater über deren Fortschritte, oder gratulirt der Gräfin zu ihrer Niederkunft, während der Gemahl ausser Landes weilt [4]). Als der Graf wegen seiner Verwaltung der Gascogne im Jahre 1252 Gefahr lief mit seinem Schwager dem Könige unrettbar zu zerfallen, sind es doch die beiden vertrauten Rathgeber, die den Bruch noch einmal heilen [5]). Sie scheinen seinetwegen sogar bis an die höchste Instanz, den Papst selber um Hilfe und Verwendung angegangen zu sein [6]).

1) Ranke, Englische Geschichte I, 81.
2) Ad. de Mar. Epp. p. 80. 261.
3) Ibid. p. 107. 110. 163. 269.
4) Ibid. 293.
5) Urkundliche Mittheilung über die Untersuchung, in welche Leicester damals verwickelt wurde, im 80sten Briefe des Ad. de Mar. p. 122 ff. vgl. Gesch. von England III, 688 ff.
6) Locutus fui de negotio subventionis vobis faciendae per indulgentiam Apostolicam, sicut expedire putavi p. 270.

Wir haben eilf Briefe Adam's und zwei des Bischofs, die an Montfort gerichtet sind, während noch aus vielen anderen Stellen die Intimität mit dem grossen Zeitgenossen, den man wohl als einen Catilina, als den Cromwell des dreizehnten Jahrhunderts gebrandmarkt hat, und zugleich die gerechte Würdigung seines Charakters erhellt. Da sieht man, wie sie ihn zu trösten [1]) und zugleich zu warnen haben, wenn ihm sein Muth einken will, oder wenn er sich zu ungerechter Härte wider seine Untergebenen hat fortreissen lassen [2]). Grosseteste hat ihm noch kurz vor dem eigenen Ende (October 1253) zugesprochen, des Königs Beleidigungen zu vergessen und sich nur seiner Wohlthaten zu erinnern [3]). „Besser ist ein geduldiger als ein starker Mann, und besser der die eigene Leidenschaft beherrscht als derjenige, welcher eine Stadt stürmt," ruft ihm Adam zu [4]). In verschiedenen Briefen deutet er mit Genugthuung auf die edlen Eigenschaften des Grafen hin, den Schutz, den er den Bedrängten gewährt, sein Mitgefühl für die Gerechtsame des Volks, das so arg misshandelt wird, seinen Eifer für die Kirche und für Abstellung der grossen Schäden der Zeit. Bescheiden hat Montfort diese gute Meinung von sich abgewehrt, aber Adam erklärt ihm: „Mein Gewissen belangt mich nicht darüber, denn ich meine nicht wider das Beispiel der Weisen zu handeln noch wider die Gebote der Vernunft. Es ist wahr, die Thorheit eines nichtigen Geists lässt sich durch Ehrenbezeigung zu Stolz verführen und durch Lobeserhebung in Trägheit stürzen; aber die Weisheit einer edlen Seele neigt sich dadurch zur Demuth und strebt der Tugend nach." Im folgenden Briefe heisst es: „Wenn Ihr den Bruch der Freundschaft und erheuchelte Liebe zur Antwort erhalten habt, was duldet Ihr Anderes, als was Ihr zuvor erwartetet? Die klare Umsicht Euerer Weisheit wird sich erinnern, in wie vielen Zusammenkünften nach wiederholter, sorgfältiger Prüfung, wir unseren Ohren die nichtswürdige Schamlosigkeit verführerischer List vorgehalten haben, so wie wir sie jetzt sehen, obgleich, in Anbetracht der Zuverlässigkeit standhafter Treue, Euere Weisheit es nicht für geeignet hielt der Gefahr einer wahrhaft grossen That aus dem Wege zu gehn,

---

1) Grosseteste verweist ihn in seinen Nöthen auf das Beispiel der Heiligen und verspricht de instando pro vobis apud dominum regem et de praestando solatium vestris, et praecipue duobus, quos in literis vestris nominastis. Bei Luard p. 244.
2) Rob. Grosset. Epp. p. 143.
3) Matth. Paris 879.
4) Ad. de Mar. Epp. 264.

unbekümmert um den Argwohn schändlicher Tücke". Er soll seine Erquickung in der Schrift, zumal im Buch Hiob suchen und die Commentarien Gregor's des Grossen dazu lesen ¹).

Erst aus solchen Actenstücken hat sich neuerdings ein Einblick in den Zusammenhang ergeben, in welchem der grosse politische Neuerer seiner Tage mit denen gestanden, die gleichzeitig Besserung des kirchlichen und geistlichen Lebens anstrebten. Auch Montfort ist durchaus in die Absichten der beiden eingeweiht. Adam schreibt einmal an den Bischof: „Ich stelle Euerer Herrlichkeit Euere Abhandlung über das Regiment eines Königreichs und einer Tyrannis zurück, die Ihr mir unter dem Siegel des Grafen von Leicester gesandt habt. Sollte der Graf bald nach der Gascogne zurückkehren, nachdem er zuerst mit mir und der Gräfin Raths gepflogen, so denkt er seinen ältesten Sohn Heinrich wieder zu Euch zu senden, damit er, einstweilen noch in zarten Jahren, unter der Obhut Euerer Heiligkeit wie bisher mit Gottes Segen längere Zeit und so weit als möglich im Wissen und guter Lebensart Fortschritte mache. Sollte mein Herr der Graf in England bleiben, so wird er in anderer Weise, aber auf Eueren gediegenen Rath mit dem Knaben verfahren...... Der Graf hat mir von Euerer heilsamen, von Gott eingegebenen Absicht gesprochen, die Seelen zu befreien. Er lobt, preist und ergreift sie eifriger, als die meisten Menschen hätten denken sollen; er ist bereit, sich und seine Partei, wenn eine solche gefunden werden kann, an dem Werke zu betheiligen. Aber da er sehr besorgt ist um Euere Gesundheit, so sieht er nicht ein, wie es möglich ist, dass Ihr es unternehmen könntet in eigener Person mit solchen Schwierigkeiten und Gefahren zu ringen" ²).

Man möchte den unmittelbaren Anlass zu Aeusserungen wie die vorstehenden wissen, aber die Briefe umgehen fast mit peinlicher Behutsamkeit die Auseinandersetzung thatsächlicher Verhältnisse. Dass sie auf die langsam heranziehende grosse Katastrophe hinweisen, von welcher das Reich, die Kirche, die Ideen und Anstalten dieser Reformer in gleichem Masse betroffen wurden, leidet keinen Zweifel. Noch ehe die gewaltige Entscheidung eintrat, hatte der Tod den eifrigen Streiter Grosseteste hinweggenommen, und wenige Jahre später, wahrscheinlich 1257 ist ihm sein vertrauter Freund Adam von Marsh gefolgt.

1) Ad. de Mar. Epp. 266. 267.
2) Ibid. p. 110. 111.

Wir erfahren nicht, ob ihm der Schmerz über den Verlust jenes, über die immer übleren Aussichten das Ziel ihrer gemeinsamen Bestrebungen zu erreichen vielleicht das Herz gebrochen. Der literarische Ruf des Doctor Illustris, wie man den Anhänger Grossetcste's und den Lehrer Roger Baco's in Oxford nannte, ist uns allein in seiner merkwürdigen Briefsammlung erhalten geblieben. Umsonst fragt man, welche andere Wendung etwa die englische Revolution des dreizehnten Jahrhunderts genommen haben würde, wenn jene beiden rüstigen Genossen auch fernerhin zur Seite Montfort's gestanden hätten. Jetzt musste er ohne sie, allein, den Sturm durchwettern. Sehen wir, wie die Geister wenigstens, die von ihnen ins Leben gerufen, ihm die Treue gewahrt haben.

Im Gegensatz zu den stets steigenden Geldanforderungen päpstlicher Procuratoren, zu dem Vorzuge, den der König den südfranzösischen Verwandten seiner Gemahlin und anderen Ausländern gab, zu dem dynastischen Ehrgeiz, kraft dessen er seinen Bruder zum römischen Könige erwählen liess und den jungen Sohn auf den Thron von Neapel einsetzen wollte, verband sich das erste jugendliche Nationalgefühl Englands mit dem Bestreben dem seit Menschen Gedenken verwahrlosten Reiche ein verfassungsmässig gesichertes Dasein zu schaffen. Ein scharfer, volksthümlicher, fast demokratischer Zug gieng durch das Land und verschmolz mit den verwandten Tendenzen, welche, von den neuen Orden eingeführt, von Kanzel und Katheder herab immer weiter unter der Menge verbreitet wurden. In Oxford, an der Universität befand sich die Stätte, wo die leitenden Gedanken klar und zu praktischen Zielen zusammengefasst wurden. Um die Convente der Bettelorden, von ihnen unwiderstehlich angezogen, hatten sich viele convictorische Vereine angesetzt, in denen Tausende aus allen Ständen und Gegenden des Landes sich nicht nur dem theologischen und philosophischen Studium widmeten, sondern fast noch eifriger und begeisterter mit den Tagesfragen beschäftigten. Ihr Verhältniss zu der älteren Stiftung und Lehrmethode ist weder damals, noch, so weit man sehen kann, späterhin zu einer legalen Ordnung gediehen; einstweilen jedoch hatte in dem Augenblick, als sich die Frequenz zu nie bekannter Höhe erhoben, der demokratische Grundzug entschieden die Oberhand [1]).

Da war es nun, dass nach verschiedenen eitelen Vermittlungsversuchen, als

---

[1]) Huber, die Englischen Universitäten I, 199.

die Stände schlechterdings nicht auf die sicilischen Pläne der Krone eingehen wollten, im Frühling 1258 ein stürmischer Reichstag gerade in Oxford zusammentrat. Er hat hinfort den Namen des *parliamentum insanum* getragen, da er mit Recht als der Anfang einer mehrjährigen Revolution gilt. Seine Verhandlungen sollen einer alten Tradition zufolge in der damaligen Halle der Dominicaner statt gefunden haben [1]). In den sogenannten Oxforder Provisionen ist der König bekanntlich genöthigt worden seinen neu eingerichteten Rath mit zwölf von der anderen Seite gewählten Edelleuten zu einem ständischen Ausschuss zusammentreten zu lassen, dem die legislative und executive Oberleitung im Reiche zustehn sollte. Heinrich III., des besten Theils seiner Souveränetät beraubt, hat diese Beschlüsse mit einer Kerze in der Hand beschwören müssen; einige Jahre lang haben sie trotz allen Gegenwirkungen von Rom und Frankreich aus Geltung gehabt. Wir übergehen, wie die aristokratischen Regenten nunmehr unter den fremden Blutsaugern des Reichs aufgeräumt haben. Indem sich zum ersten Mal wenigstens auf eine Weile die Nachkommen der Sachsen und Normannen verbündeten, indem auch die verschiedenen Stände, Adel und Bürgerthum, sowie die niedere Geistlichkeit, von den Franciscanern Oxfords lebendig angeregt, den Schwerpunkt gemeinsamer Interessen entdeckt zu haben glaubten, drückte die grosse Bewegung entschieden die öffentliche Meinung des Landes aus. Die Communität des Reichs, in welcher die altgermanischen Reminiscenzen niemals völlig untergegangen, verlangt ihren Antheil an dem Regiment und versucht sich vielfach strauchelnd in unbeholfenen parlamentarischen Kinderschritten. Schon erlangt die englische Volkssprache als öffentliches Organ Anerkennung in Wort und Schrift, indem die allgemeinen Erlasse der neuen Gesetzgebung neben dem lateinischen und französischen auch in dem Idiom des gemeinen Mannes publicirt werden. Wunderbar, wie da doch wiederum ein Fremdling, Simon von Montfort, den man in begeisterten Liedern als Vorkämpfer und Protector der nationalen Freiheit besingt, an der Spitze erscheint. Böse Rückschläge, allerlei Erfolge des Königthums vermögen nicht ihn in der Achtung seiner Standesgenossen und in der schwärmerischen Zuneigung der Menge zu entwurzeln. Der Papst mag ihn bannen; aber er und die grosse nationale Volkspartei legen sich selbst

---

1) Parliamentum, cui insani nomen indebatur, anno 1258 eorum in hospitio celebratum fuisse dicitur. Wood, Hist. et Antiq. Oxon. I, 63.

das Kreuz an zum heiligen Kampfe für nationales Recht und Unabhängigkeit.

Noch ehe der offene Bürgerkrieg ausbrach, gab es sehr heftige Auftritte an der Universität. Die alte Rauflust, durch politische und religiöse Differenzen wild angestachelt, brach los, als eines Tags dem Prinzen Eduard auf seinem Marsch nach Wales die Thore der Stadt verschlossen worden. Es kam zu einem blutigen Kampfe zwischen Studenten und Bürgern, einem der vielen Symptome, dass eine allgemeine Explosion bevorstand. Gleich darauf, im März 1264 will der König mit seinem Anhange in Oxford einen Reichstag halten und verlangt, dass die Universität mittlerweile die Stadt zu verlassen habe. Der Grund wird nicht verschwiegen, nämlich damit nicht die bewaffnete Gegenpartei der Barone heranziehe, und sich mit den Studenten verbinde [1]). Ein Haufe von 15000 ist darauf ausgezogen [2]); anstatt sich aber zu zerstreuen, begaben sie sich geschlossen nach Northampton, wo bei früheren Auszügen schon öfter Lehrer und Schüler sich akademisch festzusetzen gesucht hatten. Was man bei Hofe verhindern wollte, geschah nun recht eigentlich: das Heer der Barone und die wild aufgeregte Jugend verbanden sich zu gemeinsamem Widerstande mit den Waffen in der Hand. Als das königliche Heer am 3. April gegen sie heranrückte und durch eine Bresche in die Mauer von Northampton eindrang, vertheidigten sich die Scholaren mit Bogen und Wurfgeschossen unter einem eigenen Banner auf das heldenmüthigste [3]), ohne die Einnahme der Stadt abwehren zu können. Indem der König sie trotz seinem Worte einen jeden von ihnen an den Galgen zu bringen zu Johanni nach Oxford zurückkehren liess um ihre Studien wieder aufzunehmen, indem dies aber nicht minder unter Gewährleistung des Grafen von Leicester geschah, wurde zwar die Universität von der Seite der offenen Erhebung abgetrennt, allein letztere hatte nichtsdestoweniger ihren vollen Verlauf.

Am 14. Mai siegte Montfort bei Lewes in offener Feldschlacht über den

---

1) Rishanger, Chronicon, (Camden Society) 22, suspicans, quod exercitui suo fraudem machinarentur, si forte supervenerint barones qui corda cleri admodum habebant propicia. cf. Wood I, 113.

2) Erat enim clericorum numerus, quorum nomina scripta fuerunt in matriculis rectorum, excedens XVM. Rishanger l. c.

3) Habebant enim vexillum per se et in sublime contra regem erectum. Hemingburgh I, 311 ed. Engl. Hist. Soc.

König, machte diesen, seinen Erstgeborenen Eduard, seinen Bruder, den römischen König Richard, zu Gefangenen und zog nun die vollen Consequenzen der Satzungen jenes verrückten Parlaments. Um die Sache seiner Anhänger unter den Magnaten zu stützen wagte er Abgeordnete der Ritter aus den einzelnen Grafschaften so wie der Städte als Vertreter der Commune des Landes zu berufen. Man weiss, dass dieses merkwürdige Beginnen wenig später am 4. August 1265 an dem Tage von Evesham mit dem Untergange des grossen Reformers gescheitert ist. Allein für das englische Volk lag dennoch in jener kurzen Epoche zwischen den beiden Schlachten der Geburtstag des Hauses der Gemeinen. Kaum ein Menschenalter ist verstrichen, und König Eduard I. sieht sich genöthigt dem Beispiele dessen zu folgen, der vor ihm bei Evesham erlegen war.

Von der geistigen Erregung jener kurzen hoffnungsreichen Tage zeugt für uns noch eine ganze Reihe volksthümlicher Lieder und Spottgedichte theils in den beiden lebenskräftig neben einander bestehenden Vernacularsprachen, theils in lateinischen Knittelversen. Letztere zumal drücken so nüchtern und mit so reifer politischer Ueberzeugung den echt constitutionellen Gedanken [1]) aus, um den es sich im Grunde schon damals handelte, dass wegen der Klarheit und der Sprache, der man sich bedient, nur auf Verfasser gerathen werden kann, welche einst dem Kreise Adam's und Grosseteste's nahe gestanden haben.

Auch für sie und die mächtige demokratische Richtung, die sich bis dahin

---

1) Non omnis arctatio privat libertatem,
Nec omnis districtio tollit potestatem.

Ad quid vult libera lex reges arctari?
Ne possint adultera lege maculari.

Igitur communitas regni consulatur,
Et quid universitas sentiat, sciatur,
Cui leges propriae maxime sunt notae.
Nec cuncti provinciae sic sunt idiotae,
Quin sciant plus ceteris regni sui mores,
Quos relinquunt posteris hii qui sunt priores.

Das lange historische Gedicht bei Wright, Political Songs p. 71 ff. (Camden Society), das zwischen die Schlachten von Lewes und Evesham zu datiren ist. Vgl. Geschichte von England III, 721 ff.

an der Universität geltend machte, stand nunmehr eine verhängnissvolle Wendung bevor. Der Reichstag von Kenilworth, der noch im Jahre 1265 für das Land eine Periode der politischen Reaction anbahnte, hat sich auch mit den Oxforder Zuständen beschäftigt und nachträglich die Scholaren, die für Montfort die Fahne erhoben hatten, zur Verantwortung gezogen [1]). Im Ganzen aber scheint glimpflich mit der Universität verfahren worden zu sein, die römischen Immunitäten der Bettelorden, die hohen Privilegien, welche namentlich durch Grosseteste dem Studium gewährt worden, schützten doch vor unmittelbarer, dauernder Verfolgung. Allein der gewaltige Umschlag von demokratisch-revolutionären Anschauungen zu einem monarchisch-ständischen Regiment, wie ihn die nächstfolgende Geschichte Englands offenbart, gibt sich doch auch bald in der Universitätsgeschichte zu erkennen. Das monastische Collegiensystem, das seit 1270 zuerst durch Walter von Merton in Anwendung gebracht wird und durch die folgenden Jahrhunderte immer grossartigere Nachahmung gefunden hat, trägt wieder von Anfang an ein stark aristokratisches Gepräge. Es hat schliesslich die Reste der in dem alten Studium entwickelten Facultätenordnung beseitigt und die ursprünglichen demokratischen Tendenzen, mit welchen die Bettelorden dasselbe fast schon gesprengt hatten, vollständig besiegt. Von Roger Baco, dem etwas jüngeren Zeitgenossen Eduard's I., ist es bekannt, dass er im Gegensatze zu seinen Lehrern mit dem Anhange Montfort's nichts gemein gehabt, dass er wie seine Familie Royalist und während der Revolutionszeit in Frankreich abwesend gewesen [2]). Als ein Jahrhundert später Wiclif, ebenfalls von demokratischen Principien berührt und zum Theil auf die Staatsgewalt gestützt, das unwürdige Leben und die herabgekommene scholastische Doctrin der Franciscaner und Dominicaner angriff, trat auch ihm die mit der Kirche ausgesöhnte Aristokratie entgegen, indem vor allen der Bischof von Winchester, William von Wykeham, die grossartigen Collegien einrichtete, die heute noch mit wenig verändertem Geiste ihre Bedeutung behaupten.

Sieht man von Wiclif ab, so hat die Universität im Mittelalter keine zweite so bedeutende Epoche erlebt gleich der, welche im dreizehnten Jahr-

---
1) Wood I, 113.
2) Misi igitur fratri meo diviti in terra mea, qui ex parte regis consistens cum matre mea et fratribus et tota familia exulavit et pluries 'hostibus se redemit pecunia; et ideo destructus et depauperatus non potuit me juvare nec etiam ad hunc diem habui responsum ab eo. Rogeri Baconis Opus Tertium p. 16 ed. Brewer.

hundert ein frisches Streben und geistiges Leben durch die Nation und selbst über die Grenzen derselben hinaus verbreitet hat. Es war das, wie wir gesehn, nur möglich durch den von den Minoriten gegebenen Anstoss, die im Unterschiede zu ihren Schicksalen in anderen Ländern ihre denkwürdigste Rolle was England betrifft gleich in den Anfängen ihrer Jugendkraft haben spielen sollen.

Exeurs. I.

Ist während des Mittelalters in Oxford andauernd römisches Recht gelehrt worden?

Ueber den Aufenthalt des Vacarius in England und seine Lehrthätigkeit in Oxford zur Zeit des Erzbischofs Theobald von Canterbury (1138—1162) kann nach dem Zeugniss des Gervasius Dorobornensis kein Zweifel sein. Dieser Autor schildert jenes Pontificat bald nach 1200 in seinen Actus Pontificum Cantuar. bei Twysden, Historiae Anglicanae Scriptores Decem Lond. 1652. fol. col. 1665. Oriuntur hinc inde discordiae graves, lites et appellationes antea inauditae. Tunc leges et causidici in Angliam primo vocati sunt, quorum primus erat magister Vacarius. Hic in Oxonefordia legem docuit. Es fragt sich indess, wie weit die anderen Nachrichten über den Mann zu dieser Angabe stimmen, und ob überhaupt in jenen Jahren an ein erspriessliches Wirken an der englischen Universität zu denken gewesen ist.

Die Annahme Selden's Dissert. Hist. ad Fletam cap. 7 und seines Nachbeters Wood, Hist. et Antiq. Oxon. I, 52 auf Grund eines lückenhaften Exemplars der Chronik des Robert de Monte (oder de Torigny), dass der Lombarde Vacarius und der im Jahre 1149 zum Abt des Klosters Bec erwählte Rogerius ein und dieselbe Person sei, hat wenigstens so viel für sich, dass Theobald, der ersteren kommen lässt, vormals selber jenem normännischen Stift vorgestanden, und dass aus den Biographien Lanfranc's und Anselm's zur Genüge bekannt ist, von wie hoher Bedeutung dasselbe als geistiges Bindeglied zwischen Norditalien und dem englischen Erzstift war. Demungeachtet ist der Irrthum aufgedeckt worden zuerst von Wenck, Opuscula academica ed. Stieber Lips. 1834, p. 453 ff. und nach ihm von Savigny, Geschichte des römischen Rechts im Mittelalter IV, 415 (Zweite Ausgabe). Das Original jenes normännischen Continuators des Sigebert von Gembloux, nach welchem die Ausgabe in Monum. Germ. Hist. SS. VI, 498 redigirt ist, bestätigt, dass sie vollständig Recht haben. Der den Vacarius betreffende Absatz, unter dem Jahre 1149 der Erzählung über die Abtswahl in Bec folgend, hat mit derselben keinerlei grammatischen oder logischen Zusammenhang. Nur für sich also darf er mit der Notiz des Gervasius verglichen werden. Er lautet: Magister Vacarius gente Longobardus, vir honestus et juris peritus, cum leges Romanas anno ab incarnatione Domini 1149 in Anglia discipulos doceret, et multi tam divites quam pauperes ad eum causa discendi confluerent, suggessione pauperum de codice et digesta excerptos novem libros composuit, qui sufficiunt ad omnes legum lites, que in scolis frequentari solent, decidendas, si quis eos perfecte noverit. Man lese bei Savigny IV, 425—430, wie genau die noch vorhandenen Stücke jener neun Bücher zu dem in dieser Beschreibung angegebenen Zweck stimmen.

Geht der berühmte Rechtsgelehrte aber nicht zu weit, wenn er S. 420 sagt: „Er gründete eine Schule des Römischen Rechts in Oxford?" Abgesehn davon, dass der normännische Chronist freilich ein bestimmtes Jahr angibt, aber von England im Allgemeinen spricht, kommen doch noch andere Umstände in Betracht. Nach dem Zeugniss des Gervasius nämlich werden die Romanisten herbeigeholt um den Erzbischof bei allerlei Processen und Appellationen, zunächst in dem mit dem Bischofe von Winchester, dem Bruder König Stephan's, wegen der Legatenwürde geführten Streit zu unterstützen. Man muss sich den Vacarius also durchaus im Dienste, am Hofe Theobald's denken. Wie sehr nun freilich das neu belebte Studium des römischen Rechts der raschen Ausbildung und energischen Anwendung des kanonischen, namentlich auch in England zu Statten kam, das ist hinlänglich bekannt. Allein auf diesen Zweck ist doch fürs Erste wenigstens der Unterricht der Legisten beschränkt geblieben. Auch Thomas Becket, Theobald's Nachfolger, wollte nicht mehr von ihnen; und gerade dies bestätigen die beiden von Wenck, Magister Vacarius, primus iuris Romani in Anglia professor, Lips. 1819 p. 41 etc. und von Savigny IV, 421. 422 angezogenen Schreiben Alexander's III., aus denen, doch nicht völlig zweifellos, eine spätere Thätigkeit des Vacarius in England für die Jahre 1164 und 1170 erhellen soll. In dem zweiten Schreiben namentlich bleibt völlig unerklärlich, dass unmittelbar nach der Ermordung Becket's (1170) Magister Vacarius und Magister Angerus als die Kanoniker des Gegners, näm-

lich des excommunicirten Erzbischofs Roger von York erscheinen, wonach der
erstere doch auch damals schwerlich in Oxford gelehrt haben könnte.. S. den
Brief Alexander's III. an Erzbischof Rotrud von Rouen bei Giles, S. Thom.
Cantuar. Opp. IV, p. 65.

Ausserdem hat man doch vor Allem zu erwägen, welche wüsten Zustände
bis in den Anfang der Dynastie der Plantagenets im Lande herrschten. Thron-
streit und Bürgerkrieg erfüllten die ganze Regierung König Stephan's; wiederholt wurde gerade in und um Oxford gestritten; unter solchen Verhältnissen lässt
sich schwer an das Eindringen eines fremden Rechts in den noch wenig entwickelten Kreis der Studien glauben. Die dritte und letzte Nachricht, die wir
über Vacarius besitzen, bestärkt diesen Zweifel. Tempore regis Stephani,
schreibt ein Zeitgenosse und Freund, Johann von Salisbury, in seinem Policrati-
cus VIII, 22, Joan. Saresber. Opp. ed. Giles Vol. IV, p. 357, a regno jussae
sunt leges Romanae, quas in Britanniam domus venerabilis patris Theobaldi
Britanniarum primatis asciverat. Ne quis etiam libros retineret, edicto regio
prohibitum est, et Vacario nostro indictum silentium, sed Deo faciente, eo magis
virtus legis invaluit, quo eam amplius nitebatur impietas infirmare. Die
Partei Blois war demnach die verfolgende, die normännische mag den neuen
Rechtsstudien Vorschub geleistet haben, die aber jedenfalls ihre Zuflucht unter
dem Mantel der Kirchengewalt suchen mussten. Die Ansicht eines jüngeren
Forschers, C. Schaarschmidt, Johannes Saresberiensis, nach Leben und Studien,
Schriften und Philosophie, Bonn 1862, hat hiernach sehr viel für sich, dass
nämlich, wie sich keine Beziehungen Johann's von Salisbury zu der Universität
Oxford nachweisen lassen, die romanistischen und kanonistischen Studien viel-
mehr am Hofe zu Canterbury eifrig gepflegt wurden, auch die Schule des
Vacarius hauptsächlich dort gewesen sein müsse, S. 18. Die ältere und voll-
ständigere Notiz des Robert de Monte (*in Anglia*) gewinnt also auch hierdurch
den Vorzug vor der jüngeren des Gervasius (*in Oxonefordia*). Völlig unhalt-
bar aber erweist sich der dreiste Versuch Wood's l. c., der gegen noch ärgere
Fabeleien der Cambridger gerichtet ist, das *Vacario nostro* bei Salisbury auf
Collegialität der beiden in Oxford zu deuten.

Wohl hüte ich mich zu bestreiten, dass Vacarius überhaupt nicht in Oxford
gewesen und gelehrt, dass nicht er es gewesen, der die Keime zu den dort
später unleugbar vorhandenen Studien des Civilrechts gelegt habe. Aber wie

kümmerlich sind doch schon gleich die ersten Saaten aufgegangen, nachdem der Plantagenet Heinrich II. im Kampfe mit Becket die *consuetudines regni antiquae*, das *Common law*, hervorzog. Eine grosse Rechtsschule, natürlich mit Ausnahme des Kirchenrechts, haftet hinfort niemals an der Universität. Man hat das römische wie das Landrecht anderswo, vermuthlich doch in der Nähe der Gerichtshöfe erlernen müssen.

Dass Johannes von Salisbury, der 1180 starb, mit den Lehren der Romanisten bekannt war, ergibt sich mehrfach aus seinen Schriften. In Paris, in Chartres, vielleicht auch bei seinem Freunde Vacarius in der Nähe ihrer gemeinsamen Gönner, der Erzbischöfe Theobald und Thomas, wird er sich damit beschäftigt haben; in Oxford hat dieser namhafteste englische Gelehrte der Zeit nachweislich gar nicht studirt. Auch die viel versatilere Natur des etwas jüngeren Giraldus Cambrensis, dessen Schriften jetzt endlich vollständig an das Licht gezogen werden, (The Works of Giraldus Cambrensis ed. Brewer, Rerr. Brit. Med. Aevi SS. bis jetzt drei Bände) hat sich mit dem römischen Rechte berührt. Er hat sicher, vielleicht zu wiederholten Malen in Oxford verweilt, doch deutet keine einzige Stelle mit Bestimmtheit auf das Blühen einer Rechtsschule um 1200, es sei denn, dass man die Parteinahme dieses Polyhistors für die in seiner Meinung zurückgesetzten Artisten gegen die Legisten darauf beziehn darf.

Von dem berühmten Ritter und Grossjustitiar Heinrich's II.; Ranulph de Glanville, dem Verfasser des Tractatus de legibus et consuetudinibus regni Angliae, „des ersten Versuchs einer wissenschaftlichen Bearbeitung des einheimischen Rechtsstoffs im modernen Europa", hat noch Niemand zu behaupten gewagt, dass er auf der Universität gewesen, wie wenig sich auch eine gewisse Bekanntschaft mit dem römischen Recht in Structur und Abfassung seines Buchs verkennen lässt. Vgl. Gundermann, Englisches Privatrecht I, 61, Tübingen, 1864. Dass Henricus de Bracton, der bald nach der Mitte des dreizehnten Jahrhunderts das Common law noch viel umfassender, gelehrter und mit Hilfe einer bedeutenden Kenntniss des römischen Rechts bearbeitete, im Jahre 1227 in Oxford studirt habe, gehört lediglich zu den vielen Phantasien Wood's I, 81. Man muss sich wundern, dass der englische Rechtshistoriker Spence, Equitable Jurisdiction I, 119 ohne irgend welches Zeugniss aus ihm gar einen Professor der Rechtswissenschaft in Oxford macht, und dass Gundermann, der mit bewunderungswürdigem Fleiss und schärferer Kritik als irgend ein anderer Nichtengländer, Biener und Gütcrbock nicht ausgenommen, sich an Bracton's Hand in die englische Rechtsgeschichte hineingearbeitet hat, in dem genannten ausgezeichneten Werke S. 65 dies einfach wiederholt. Nachdem der umsichtige Biograph, Edward Foss, The Judges of England II, 251 vergeblich nach Beweisen geforscht, wird auch das Verhältniss des grossen Juristen Bracton zur Universität Oxford unerklärt bleiben müssen, ohne dass sich, da die Inns of court in London noch nicht vorhanden waren, erkennen liesse, ob er anderswo als in Oxford oder in der Praxis seine gediegenen Kenntnisse hätte erwerben können.

Der letzte Versuch des für die Rechtsschöpfung in seinem Reiche so eifrig thätigen Eduard I., den romanistischen Studien in Oxford ein neues Reis aufzupfropfen, scheint mir dagegen festzustehn. Er selber bringt im Jahre 1273 den Franciscus Accursii, den Sohn des bekannten Glossatoren, aus Bologna nach England, um dort bis 1281 zu verweilen. Dessen Dienste und Belohnungen werden in einer Reihe von Urkunden bezeugt, s. Savigny Gesch. d. röm. Rechts im Mittelalter V, 308—310. Es ist gewiss nicht von ungefähr, dass der König ihm durch Patent ein Haus nebst Aula gerade in Oxford anweist, s. Wood I, 124 und meine Geschichte von England IV, 186. Auch er hat dort kein Glück machen, nichts Wesentliches mehr leisten können, schon aus dem Grunde, weil in den politischen Kämpfen des Jahrhunderts der Sieg des gemeinen Rechts, des öffentlichen wie des privaten, jedes weitere Eindringen römischer Institutionen zurückwies. Ihr Einfluss erstreckte sich hinfort nur auf die Kirche und bis zu einem gewissen Grade auf den Gerichtshof des Kanzlers.

Schliesslich noch ein Zeugniss von der um dieselbe Zeit in Oxford herrschenden, ebenfalls national gefärbten Opposition wider die romanistischen Studien. Sie stützt sich auf die Herrschaft des klerikalen Elements, das wie schon in den Tagen des Giraldus noidisch und besorgt die besten Köpfe Artes, Philosophie, Theologie und kanonisches Recht verlassen sieht um in der Schule der Meister von Bologna, welche Gelehrte heissen wollen ohne tonsirt und ehelos zu sein, reich und berühmt zu werden. Der grosse Oxforder Franciscaner Roger Baco leiht seinem Unmuth hierüber bittere Worte in dem Compendium Studii Philosophiae bei Brewer, Fr. Rogeri Baconis Opera quaedam hactenus inedita Vol. I (Rerr. Brit. Med. Aevi SS. 1859). Da heisst es p. 420 in Beziehung auf den hier behandelten Gegenstand: Rex quidam Angliae Stephanus, allatis legibus Italiae in Angliam, publico edicto prohibuit, ne ab aliquo retinerentur. Si igitur laicus princeps laici principis alterius leges respueret, igitur multo magis omnis clericus deberet respuere leges laicorum. Addo etiam quod magis concordant jura Franciae cum Anglia, et e converso, propter vicinitatem regnorum et communicationem majorem gentium istarum, quam Italiae et illarum. Igitur deberent magis clerici Angliae subjicere se legibus Franciae, et e converso, quam legibus Lumbardiae.

Excurs. II.

Bekanntschaft mit dem Griechischen bei den Engländern im dreizehnten Jahrhundert.

Zu verschiedenen Malen während des Mittelalters hat das Abendland an den Sprachschatz und die Ideenwelt des christlichen Morgenlands anzuknüpfen gesucht. Man kennt die Spuren in den Zeiten der durch Beda gehobenen angelsächsischen Gelehrsamkeit, in den Tagen Karl's des Grossen und der Ottonen. Späterhin während der Kreuzzüge und des lateinischen Kaiserthums in Byzanz sind die verschütteten Schachte an einzelnen Stellen wieder eröffnet worden. An der Handelsthätigkeit der italienischen Freistaaten im Osten participirt doch auch der Westen; auf dem Concil von Lyon 1245 berührt sich die römische Kirche noch einmal mit der griechischen.

Unter solchen Bedingungen und Einwirkungen sind nicht nur wissensdurstige Anwohner des mittelländischen und adriatischen Meers, sondern auch vereinzelte Germanen zu den Schulen der Griechen verschlagen worden. Ueber einen Engländer, Johann von Basingstoke, der im Jahre 1252 als Archidiaconus von Leicester starb, vir quidem et in trivio et quadrivio experientissimus, Graecis ac Latinis literis ad plenum eruditus, sind glücklicherweise einige nähere Nachrichten aufbewahrt. Wie er, nachdem er in Paris studirt, den Weg nach Athen gefunden, bleibt unbekannt; er hat aber dem Matthäus Paris, dem bekannten Geschichtsschreiber aus dem Kloster St. Albans, Folgendes erzählt: In illa civitate studuerunt Graecorum sapientes. Et cum sit sapientia immortalis, sicut dicit Sapiens de ea: Ab initio et ante saecula creatus sum, et usque ad fines saeculi non deficiam: hoc nomen Athenae dicitur ab *a*, quod est sine, et *thanatos*, quod est mors, quasi immortalis..... Nec praetereundum, quod mihi haec scripturo familiariter consuevit enarrare: Quaedam puella, filia Archiepiscopi Atheniensis, nomine Constantina, nondum vicesimum agens annum, virtutibus praedita, omnem trivii et quadrivii noverat difficultatem, unde alteram Catherinam, vel Catherinam consuevit dictus magister Johannes jocose propter suae scientiae eminentiam appellare. Haec magistra fuit magistri Johannis, et quicquid boni scivit in scientia, ut saepe asseruit, licet Parisiis diu studuisset et legisset, ab ea mendicaverat. Historia Major ed. Londoni 1684 fol. p. 721. Dem Fräulein wird dann noch nachgerühmt, dass sie Pestilenz, Gewitter, Eklipsen und Erdbeben habe voraussagen können. Ihr Schüler aber habe die griechischen Zahlen (figuras Graecorum numerales et earum notitiam et significationes) nach England heimgebracht, habe eine griechische Grammatik ins Latein übersetzt (in quo artificiose et compendiose tota vis grammaticae continetur, quod idem magister *Donatum Graecorum* appellavit) und selber ein nützliches Handbuch verfasst, (in quo particulae sententiarum per distinctiones dilucidantur, quod incipit: *Templum Domini*.) Er hat dann in seiner Heimath die Beschäftigung mit der griechischen Sprache wieder angeregt, vor allen bei Robert Grosseteste, mit dem er nicht minder wie mit dem eifrigen Patron jeder edlen, höheren Beschäftigung, Simon Montfort, dem Grafen von Leicester, befreundet gewesen.

Da treffen nun einige Aeusserungen des Bischofs mit den Notizen des Matthäus zusammen. Jener ist durch Basingstoke auf die sogenannten Testamente der zwölf Erzväter aufmerksam gemacht worden, die, von den Juden lange verborgen, von den Griechen aus dem Hebräischen übersetzt, messianische Weissagungen enthalten sollen. Im Jahre 1242 habe der Bischof jenen herrlichen Tractat Wort für Wort ins Latein übertragen, coadjuvante *Nicolao Graeco*, clerico Abbatis S. Albani. Historia Major p. 528 cf. 720. Es gab demnach einen Griechen, der bei Wharton, Anglia Sacra II, 345 Elicherus heisst, in dem berühmtesten Benedictinerkloster Englands. In einem Briefe bei Luard p. 351 citirt Grosseteste selber aus dem wunderlichen Buche, das er und seine Zeitgenossen in der That für echt gehalten zu haben scheinen. Mit dem Werthlosesten und Unnützesten hat also auch damals wie zwei Jahrhunderte später die Bekanntschaft angefangen, und sehr unselbständig muss sich der Bischof daran betheiligt haben. In Trivet's Annalen p. 243 heisst es: de Graeco multa *transferri fecit*, ut puta Testamentum duodecim Patriarcharum et libros Dionysii [1]), quorum novam translationem perlucide commentavit. Dass andere das beste daran gethan, scheint auch Roger

---

1) Baco, Compendium studii philosophiae p. 474 gibt noch mehr an: tradidit Latinis de libris beati Dionysii et Damasceni et aliquibus aliis doctoribus consecratis.

Baco, Opus Tertium ed. Brewer p. 91 anzudeuten, der allerdings von allen, die seit Jahrhunderten aus dem Griechischen übersetzten, nur zwei gelten lässt: Boëthius und Robert von Lincoln, über letzteren aber doch hinzufügt: Sed non bene sciverat linguas ut transferret nisi circa ultimum vitae suae, quando vocavit Graecos et fecit libros Grammaticae Graecae de Graecia et aliis congregari. In einem seiner Briefe, bei Luard p. 173, hat der Bischof denn auch eine Probe seiner Sprachkenntniss hinterlassen, die dürftig genug lautet und von dem Zustande der Lehrbücher einen Begriff gibt. In einer von anderen Geschäften freien Woche ist er mit einem griechischen Werke über Monastik bekannt geworden, aus dem er an Abt und Convent von Bury St. Edmund Einiges zur Erbauung mittheilen will, non verba, quae ibidem inveni, quia alterius quam Latinae sunt linguae, sed extractum pro modulo meo verborum sensum. Mönche sind solche, die über die Regeln eines heiligen Lebens philosophiren, und haben ihren Namen entweder von μόνος und εὐχή, oder von μόνος und ἔχω, quod est *habeo*, unde dictus est monachus, quasi monechus, hoc est quasi solus habens solum, oder endlich von μόνος und ἄχος, quod proprie est tristitia silentium inducens. Solche einsamen Philosophen nennt man aber auch Therapeuten, sic dictos a verbo Graeco θεραπεύω, quod est ex dilectione et liberaliter servio, oder von θεραπεύω, quod est sano, weil sie Geistesärzte sind. Noch auf dem Sterbelager hat Grosseteste in ähnlicher Weise über das verfängliche Wort haeresis etymologisirt, Matthaeus Paris p. 752.

Nichtsdestoweniger nun hat sein Beispiel und der Eifer, mit dem er für die nothwendigsten Hilfsmittel sorgte, gute Früchte getragen. Eine Generation hindurch hat man in Oxford, vorzüglich bei den Franciscanern, fleissig Griechisch getrieben. Ohne das Vorhandensein einer Schule und griechischer Schriften in ihrer Bibliothek wären die reifen Urtheile nicht zu erklären, welche von Baco gefällt werden, von denen doch noch genug übrig bleibt, selbst wenn man die scharfe Tadelsucht des Mannes abrechnet. Der grosse Encyklopädiker, der mit gewaltiger Arbeitskraft drei seiner Werke Opus majus, Opus minus und Opus tertium innerhalb 15 Monate im Jahre 1267 vollendete, berührt in denselben wie in dem 1271 verfassten Compendium studii philosophiae immer wieder das erbärmliche Sprachstudium der Zeit. Was er Op. minus p. 350, 351 ed. Brewer über hebräische und griechische Alphabete und Etymologien abhandelt, beweist, dass er mehr davon verstanden, als seine Vorgänger. Viel ausführlicher wird er in dem Compendium. Nach bitteren Klagen über die selbstverschuldete Unwissenheit der Geistlichen und Laien stellt er das Sprachstudium an die Spitze aller Wissenschaften; — auf ihm beruht auch alle Weisheit der Lateiner, a quibus tota Latinorum sapientia translata est, cujusmodi sunt Graecum, Hebraeum, Arabicum et Chaldaeum. Compend. p. 433 ed. Brewer. Ich übergehe, wie beherzigenswerth er von den philologischen Bedürfnissen zum Verständniss des Alten Testaments redet. Was das Griechische betrifft, dessen von Robert von Lincoln herbeigezogene Lehrer zum Theil noch im Lande weilen, so stellt er p. 441 ein ausführliches Glossar der Wörter zusammen, welche aus dieser Sprache stammend im damaligen Latein gang und gäbe sind. Dem folgt eine kaustische Blumenlese von Missverständnissen und Dummheiten mittelalterlicher Autoren, und eine förmliche Abhandlung über die Kunst zu übersetzen, in welcher namhafte Italiener und Briten, Deutsche und Flamänder bis auf die genannten Ausnahmen nur Stümper geblieben sind p. 471. Viele seiner Zeitgenossen sprachen Griechisch, Arabisch und Hebräisch, aber nur sehr wenige wissen etwas von der Grammatik dieser Sprachen, so dass sie darin lehren könnten. Man soll daher auf die Originale zurückgehn, nur aus ihnen ist das fremde Idiom zu erlernen. Freilich sind Aristoteles und Avicenna, Seneca und Cicero, nur sehr schwer und gegen theueres Geld aufzutreiben, wovon er Opus tertium p. 55 bei Brewer ein merkwürdiges Beispiel anführt: libri Marci Tullii de Republica optimi nusquam inveniuntur, quod ego possim audire, cum tamen sollicitus feci quaerere per diversas partes mundi, et per diversos mediatores. Er war, wie man sieht, jedenfalls nicht der Mann, der vor solchen Schwierigkeiten zurückbebte. Selbst das Wagniss, sich mit dem Original des Neuen Testaments zu befassen, hat ihn nicht abgeschreckt.

Allein die philosophische Basis seiner Wissenschaftslehre weist ihn doch vorwiegend auf Aristoteles hin. Der ist mehr werth, als die Wissenschaft der Legisten: certe majora sunt hic in paucis capitulis quam in toto corpore juris Italici, Compend. p. 422. Die scholastischen Kampfhähne kennen ihn gar nicht aus ihren elenden Uebersetzungen, nur aus dem Original ist er zu verstehn. Si enim haberem potestatem super libros Aristotelis, ego facerem omnes cremari, quia non est nisi temporis amissio studere in illis, et causa erroris et multiplicatio ignorantiae, ultra id quod valeat explicari..... Quicunque vult gloriari de scientia Aristotelis, oportet quod eam addiscat in lingua propria et nativa, cum ubique est falsitas translationum, tam in theologia quam in philosophia. Ibid. p. 469. Etwas später, p. 473 versichert er, die 50 Bücher der Naturgeschichte im Original gesehn zu haben.

Doch genug der Auszüge aus dieser merkwürdigen, nunmehr zugänglichen Schrift. Es wird auch heute noch den Philologen von mehr als historischem Interesse sein, zu lesen, wie sicher und genau der alte Baco von Buchstaben und Wortlehre, von Prosodie und Accent im Griechischen, und sogar von Kritik handelt. Selbst an einem Beispiel griechischer Paläographie hat er es nicht fehlen lassen, das sich durch die Verstümmelung unwissender Abschreiber hindurch gerettet hat und von dem Herausgeber dem Bande im Facsimile beigegeben ist.

Seine Gelehrsamkeit ist noch einmal mit ihm ausgestorben aus Ursachen, die allgemein bekannt sind. Sein Orden begleitete ihn nicht mehr in den Studien, die so sehr von der Theologie abschweiften; der Papst verdammte die Schriften, obwohl er sie zuerst gnädig entgegen genommen; Kenntniss des Griechischen galt auch fernerhin für eine gefährliche Geheimlehre. Mit einem Worte, Roger Baco, der Humanist im dreizehnten Jahrhundert, war ein Anachronismus.